25.
JUNI

Das ist dein Tag

Dein Stammbaum

| Urgroßvater | Urgroßmutter | Urgroßvater | Urgroßmutter |

Großmutter

Großvater

Vorname und Name:

....

Geboren am:

....

Uhrzeit:

Mutter

....

Gewicht und Größe:

....

Stadt:

....

Ich

Land:

....

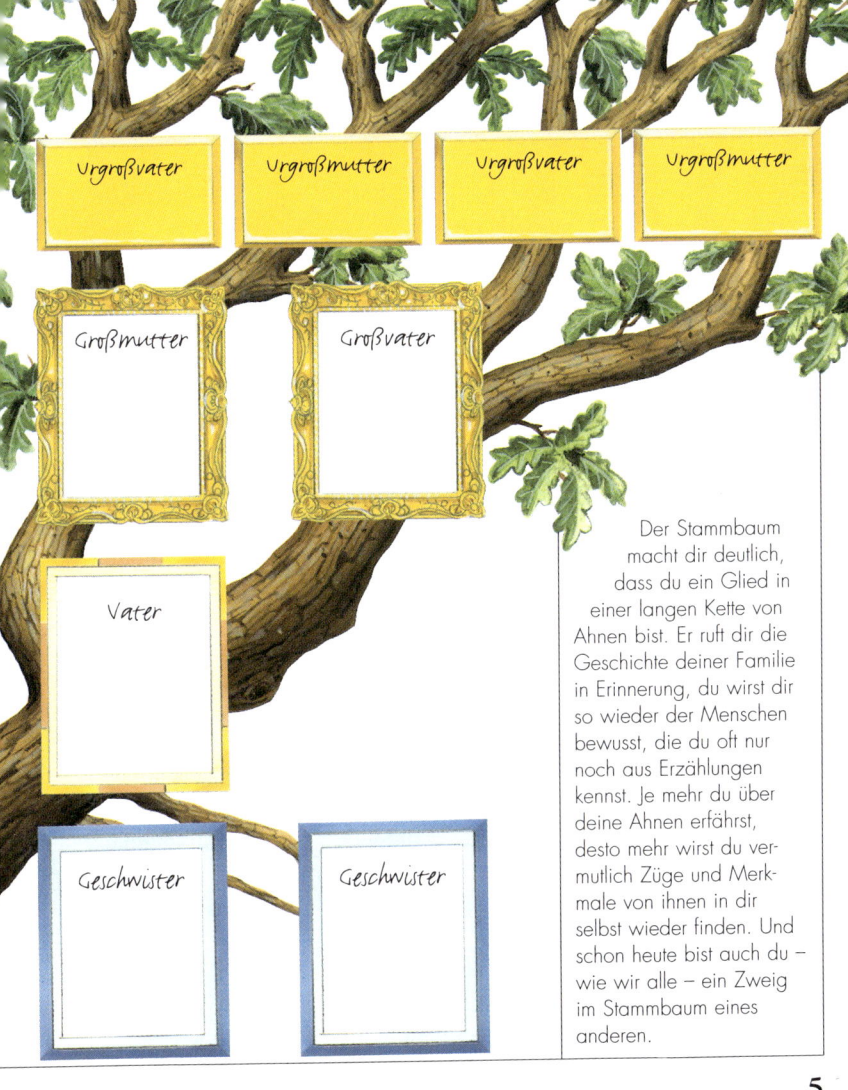

Der Stammbaum macht dir deutlich, dass du ein Glied in einer langen Kette von Ahnen bist. Er ruft dir die Geschichte deiner Familie in Erinnerung, du wirst dir so wieder der Menschen bewusst, die du oft nur noch aus Erzählungen kennst. Je mehr du über deine Ahnen erfährst, desto mehr wirst du vermutlich Züge und Merkmale von ihnen in dir selbst wieder finden. Und schon heute bist auch du – wie wir alle – ein Zweig im Stammbaum eines anderen.

Der Kreis des Kalenders

Was wären wir ohne unseren Kalender, in dem wir Geburtstage, Termine und Feiertage notieren? Julius Cäsar führte 46 v. Chr. den Julianischen Kalender ein, der sich allein nach dem Sonnenjahr richtete. Aber Cäsar geriet das Jahr ein wenig zu kurz, und um 1600 musste eine Abweichung von zehn Tagen vom Sonnenjahr konstatiert werden. Der daraufhin von Papst Gregor XII. entwickelte Gregorianische Kalender ist zuverlässiger. Erst nach 3.000 Jahren weicht er um einen Tag ab. In Europa setzte er sich jedoch nur allmählich durch. Russland führte ihn zum Beispiel erst 1918 ein, deshalb gibt es für den Geburtstag Peters des Großen zwei verschiedene Daten.

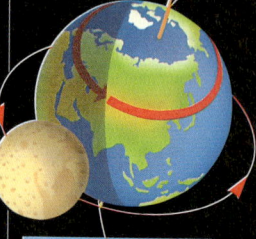

Die Zyklen von Sonne und Mond sind unterschiedlich. Manche Kulturen folgen in ihrer Zeit-

rechnung und damit in ihrem Kalender dem Mond, andere der Sonne. Gemeinsam ist allen Kalendern, dass sie uns an die vergehende Zeit erinnern, ohne die es natürlich auch keinen Geburtstag gäbe.

DER KREIS DES KALENDERS

Die Erde dreht sich von West nach Ost innerhalb von 24 Stunden einmal um ihre Achse und umkreist als der dritte von neun Planeten die Sonne. All diese Planeten zusammen bilden unser Sonnensystem. Die Sonne selbst ist ein brennender Ball aus gigantisch heißen Gasen, im Durchmesser mehr als 100-mal größer als die Erde. Doch die Sonne ist nur einer unter aberhundert Millionen Sternen, die unsere Milchstraße bilden; zufällig ist sie der Stern, der unserer Erde am nächsten liegt. Der Mond braucht für eine Erdumrundung etwa 28 Tage, was einem Mondmonat entspricht. Und die Erde wiederum dreht sich in 365 Tagen und sechs   Stunden, etwas mehr als einem Jahr, um die Sonne. Das Sonnenjahr teilt sich in zwölf Monate und elf Tage, weshalb einige Monate zum Ausgleich 31 statt 30 Tage haben.

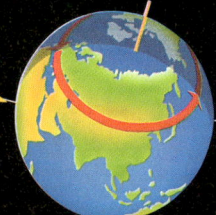

Die Erdhalbkugeln haben konträre Jahreszeiten.

So wirken die Sterne

Die Sonne, der Mond und die Planeten folgen festen Himmelsbahnen, die sie immer wieder an zwölf unveränderten Sternbildern vorbeiführen. Ein vollständiger Umlauf wird in 360 Gradschritte unterteilt. Die Sonne befindet sich etwa einen Monat in jeweils einem dieser Zeichen, was einem Abschnitt von 30 Grad entspricht. Da die meisten dieser Sternkonstellationen von alters her Tiernamen erhielten, wurde dieser regelmäßige Zyklus auch Zodiakus oder Tierkreis genannt.

Schon früh beobachteten die Menschen, dass bestimmte Sterne ganz speziell geformte, unveränderliche Gruppen bilden. Diesen Sternbildern gaben sie Namen aus dem Tierreich oder aus der Mythologie. So entstanden unsere heutigen Tierkreiszeichen, die sich in 4.000 Jahren kaum verändert haben. Die festen Himmelsmarken waren von großem praktischen Wert: Sie dienten den Seefahrern zur Navigation. Zugleich beflügelten sie aber auch die Phantasie. Die Astrologen gingen davon aus, dass die Sterne, zusammen mit dem Mond, unser Leben stark beeinflussen, und nutzten die Tierkreiszeichen zur Deutung von Schicksal und Charakter eines Menschen.

SO WIRKEN DIE STERNE

WIDDER: 21. März bis 20. April

STIER: 21. April bis 20. Mai

ZWILLING: 21. Mai bis 22. Juni

KREBS: 23. Juni bis 22. Juli

LÖWE: 23. Juli bis 23. August

JUNGFRAU: 24. August bis 23. September

WAAGE: 24. September bis 23. Oktober

SKORPION: 24. Oktober bis 22. November

SCHÜTZE: 23. November bis 21. Dezember

STEINBOCK: 22. Dezember bis 20. Januar

WASSERMANN: 21. Januar bis 19. Februar

FISCHE: 20. Februar bis 20. März

Im Zeichen des Mondes

Den Tierkreiszeichen werden jeweils bestimmte Planeten zugeordnet: Dem Steinbock ist der Planet Saturn, dem Wassermann Uranus, den Fischen Neptun, dem Widder Mars, dem Stier Venus und dem Zwilling Merkur zugeordnet; der Planet des Krebses ist der Mond, für den Löwen ist es die Sonne. Manche Planeten sind auch mehreren Tierkreiszeichen zugeordnet. So ist der Planet der Jungfrau wie der des Zwillings Merkur. Der Planet der Waage ist wie bereits beim Stier Venus. Die Tierkreiszeichen Skorpion und Schütze haben in Pluto und Jupiter ihren jeweiligen Planeten.

Der Mond wandert in etwa einem Monat durch alle zwölf Tierkreiszeichen. Das heißt, dass er sich in jedem Zeichen zwei bis drei Tage aufhält. Er gibt dadurch den Tagen eine besondere Färbung, die du als Krebs anders empfindest als andere Sternzeichen.

In welchem Zeichen der Mond heute steht, erfährst du aus jedem gängigen Mondkalender. Wenn der Mond durch den **Widder** geht, zeigt der Krebs die Stärke, die eigentlich in ihm steckt. Und sei es, dass er eine Bahn mehr schwimmt als sonst. Ein Krebs, der alte Familienfotos herauskramt und den ganzen Tag in Erinnerungen schwelgt,

Unser Sonnensystem mit den neun Planeten

erlebt wahrscheinlich gerade einen **Stier**-Mond. Bei Mond im **Zwilling** kann sich ein Krebs alles von der Seele reden, denn die liegt ihm heute auf der Zunge. An Tagen, an denen der Mond im **Krebs** steht, ist ein Krebs für Zuwendung, Geborgenheit und ein gemütliches Zuhause besonders empfänglich. Der **Löwe**-Mond ist der ideale Tag für einen Krebs, um wegen einer Gehaltserhöhung nachzufragen. Wenn der Mond in der **Jungfrau** steht, kann sich ein Krebs sehr leicht übernehmen. An **Waage**-Tagen gibt sich der Krebs sehr aufgeschlossen. Unbedingt ausnutzen, denn die nächste Rückzugsphase kommt bestimmt! Steht der Mond im **Skorpion**, umweht den Krebs ein Hauch von Geheimnis. Bei **Schütze**-Mond könnte der Krebs eine längere Seereise buchen. Oder von einer Insel träumen. Der Mond im **Steinbock** ist für einen Krebs dann genau richtig, wenn er sich mit Schule, Eltern, Gericht oder anderen »Obrigkeiten« auseinander setzen muss. An einem **Wassermann**-Tag fühlt sich der Krebs frei wie ein Vogel und versucht, vorwärts zu fliegen anstatt rückwärts zu gehen. Und es kann passieren, dass einem Krebs vor lauter Rührung und (Selbst-)Mitleid den ganzen **Fische**-Mond lang die Tränen in den Augen stehen.

ERKENNE DICH SELBST

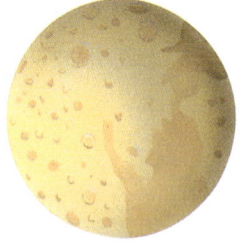

Der typische Krebs hat eine harte Schale und einen weichen Kern, und sein Leitsatz lautet: »Ich fühle!« Das Symbol dieses Tierkreiszeichens ist der Krebs. Wie dieses Tier sind Krebsgeborene verwundbar, aber auch hartnäckig, sie halten sich mit Vorliebe im Wasser auf und zerfließen gern vor Gefühlen. Wenn sie unsicher sind oder Angst haben, ziehen sie sich völlig zurück oder reagieren empfindlich und ausweichend.

Die im Zeichen des Krebses Geborenen sind überaus empfindsam, ihrem Zuhause und ihrer Vergangenheit eng verbunden und haben ein

KREBS

phantastisches Gedächtnis. Das den Krebs beherrschende Gestirn ist der anregende, aber wechselhafte Mond. Krebse sind daher besonders charmant, verträumt und rätselhaft. Jedes Tierkreiszeichen wird in drei Dekaden mit jeweils eigenen Charakteristika unterteilt. Die drei Krebsdekaden reichen vom 23.6. bis 2.7., vom 3.7. bis 13.7. und vom 14.7. bis 22.7. Allen Krebsen gemeinsam ist ihre Sehnsucht nach Liebe und Anerkennung.

Fühlen sie sich aber sicher und geliebt, sind sie gastfreundlich und heiter, also gute Gesellschafter.
Den einzelnen Tierkreiszeichen werden bestimmte Farben, Pflanzen, Steine und Tiere als Glücksbringer zugeordnet. Krebse bevorzugen ruhige Farben wie Perlweiß, Silber oder Grau, ihre Pflanze ist die Seerose. Als ihre Steine gelten Opal und Onyx, ihre Tiere sind die Katze, der »echte« Krebs und der Schwan. Ihr Glückstag ist der Montag.

Menschen deiner Dekade

Mit der ersten Krebsdekade wird in der Astrologie traditionell das Sternbild Kleiner Bär, Ursa Minor, in Verbindung gebracht. Die in diesem Zeitraum Geborenen besitzen wegen des doppelten Mondeinflusses einen geheimnisvollen Charme und können mitunter launisch sein.

Drei Menschen, die alle auf ihre Art Großes geleistet haben, feierten in dieser Dekade ihren Geburtstag: **Amy Johnson** (1. Juli 1903, Abb. o.) gelang als erster Frau der Alleinflug von Großbritannien nach Australien, während der französische Flieger **Louis Blériot** (1. Juli 1872) als Erster in einem selbst gebauten Eindecker den Ärmelkanal von Calais nach Dover überquerte. Dem Franzosen **Antoine de Saint-Exupéry** (29. Juni 1900) gelang es, sich mit seinem »Kleinen Prinzen« in die Herzen unzähliger Kinder wie auch Erwachsener zu schreiben. Dieses Buch gilt noch heute als ein Klassiker der Kinder- und Jugendliteratur.
Stellvertretend für alle Maler dieser Dekade soll der flämische Meister **Peter Paul Rubens** (28. Juni 1577, Abb. o.) genannt werden, dessen sinnlich-üppige Frauengestalten den Höhepunkt des Barock kennzeichnen.
Unter den Literaten, die in diesem Zeitraum das Licht der Welt erblickten, müssen drei Persönlichkeiten genannt werden: **Hermann Hesse** (2. Juli 1877, Abb. u.), der deut-

MENSCHEN DEINER DEKADE

sche Schriftsteller und Dichter, dessen Mahnung, dass jeder Einzelne mit sich selbst im Einklang sein müsse, bis heute nichts an Aktualität verloren hat; die Französin **George Sand** (1. Juli 1804, Abb. u.), die leidenschaftlich für die Aufhebung der Schranken zwischen Menschen unterschiedlicher Gesellschaftsschichten eintrat, und ihr Landsmann **Jean-Jacques Rousseau** (28. Juni 1712, Abb. re. o.), der als Staatstheoretiker und Philosoph mit seinen Abhandlungen wie etwa dem »Contrat social« (1762) unmittelbar die Französische Revolution und mit »Emile oder Über die Erziehung« auch die moderne Pädagogik beeinflusst hat.

Aber auch der berühmte argentinische Rennfahrer **Juan Manuel Fangio** (24. Juni 1911), der in den fünfziger Jahren unseres Jahrhunderts die Grand-Prix-Szene beherrschte, sowie die Schwergewichtsweltmeister im Boxen **Jack Dempsey** (24. Juni 1895) und **Mike Tyson** (30. Juni 1966), der nicht davor zurückschreckt, seine Gegner ins Ohr zu beißen, wurden in dieser Dekade geboren.

Thomas Cranmer (2. Juli 1489) führte als Erzbischof von Canterbury die englischsprachige Bibel in den Kirchen seines Landes ein.

Schließlich feierte auch der berühmteste amerikanische Bankräuber, **John Dillinger** (23. Juni 1903), dem mit Hilfe einer selbst gebastelten und mit Schuhcreme geschwärzten Revolverattrappe die Flucht aus dem Gefängnis gelang, in dieser Dekade Geburtstag.

15

Ein aussergewöhnlicher Mensch

Am 25. Juni 1852 wurde Antonio Gaudí, ein berühmter spanischer Architekt aus Katalanien, geboren. Gaudí, der als eines der exzentrischsten und schöpferischsten Genies des späten 19. und frühen 20. Jahrhunderts angesehen wird, entwickelte relativ frei von jedem zeitgenössischen Einfluss seinen höchstpersönlichen Stil, den sogenannten neukatalanischen Baustil. Indem er die künstlerischen Hauptströmungen seiner Zeit nicht einfach adaptierte, konnte er zu einer eigenen Ausformung des Jugendstils gelangen.

Vor allem der gotische und der maurische Stil beeinflussten die Arbeiten Gaudís, der tief religiös war, sehr. Gerade der maurische Stil kommt beim Haus, das er für seinen Gönner den Grafen Güell in Barcelona entwarf, phantastisch zum Ausdruck: Der Kinderspielplatz ist mit farbenprächtigen Fliesenmosaiken bedeckt, die stark an die Alhambra in Granada erinnern. Gaudís außergewöhnlicher Ideenreichtum lässt sich jedoch am besten an *La Sagrada Familia* in Barcelona ablesen. Mit dem verschwenderischen Filigran dieser Kathedrale beschäftigte er sich von 1884 bis zu seinem Tod 1926. Er sah diese Arbeit als Höhepunkt seines Schaffens an, obwohl die Kirche als er starb erst zu einem Viertel fertig gestellt war. Tatsächlich hatte Gaudí seit 1910 an nichts anderem mehr gearbeitet und wohnte in der Nähe der Kathedrale wie ein Einsiedler in einem kleinen Zimmer. Hier fertigte er, besessen von seinem geliebten Monument, die Gipsmodelle, die benötigt wurden. Über Barcelonas Grenzen hinaus wurde Gaudí jedoch erst Jahrzehnte später bekannt, als seine Ideen ihren Wiederhall in der Bildhauerei, Malerei und Architektur der Avantgarde fanden.

An diesem ganz besonderen Tag

Der **erste Charterflug aus Geschäftsgründen** fand am 25. Juni 1919 statt. Gordon Selfridge, Gründer eines bekannten und heute noch bestehenden Londoner Kaufhauses, war der Erste, der auf die Idee kam, ein Flugzeug zu chartern. Die Strecke von London nach Dublin, die mit Zug und Schiff zehn Stunden in Anspruch nahm, legte er so in weniger als vier Stunden zurück (Abb. o.).

Der **Ständige Internationale Gerichtshof** fand am 25. Juni 1920 in Den Haag seinen Sitz. Er hatte bei völkerrechtlichen Streitfragen gutachterliche sowie richterliche Funktionen. 1946 wurde er durch den Internationalen Gerichtshof abgelöst.

25. JUNI

Am 25. Juni 1530 verlas **Philipp Melanchthon** auf dem Reichstag zu Augsburg seine unabhängig von Luther verfasste Schrift, die als »Augsburger Bekenntnis« in die Geschichte eingegangen ist. Sie gilt als das wichtigste Bekenntnis der reformatorischen Kirche und Lehrnorm der lutherischen Landeskirchen. Eine Gegenschrift verlas der katholische Theologe Johannes Eck. Kaiser Karl V. hatte den Reichstag einberufen, um einer möglichen Spaltung der Kirche vorzubeugen und die Unterwerfung der Protestanten zu erreichen. Vergeblich! Beide Seiten konnten sich über fundamentale Fragen nicht verständigen, und schon nach sechs Monaten hatte sich eine Gruppe deutscher Fürsten gebildet, die die Autorität des katholischen Glaubens und damit indirekt auch die Herrschaft des Kaisers nicht mehr anerkannte.

Der Feuervogel, das erste Ballett des russisch-amerikanischen Komponisten Igor Strawinsky, wurde am 25. Juni 1910 in Paris uraufgeführt. Strawinsky, ein Schüler Rimski-Korsakows, hatte 1909 die Aufmerksamkeit des Impresarios Diaghilew erregt, der Strawinsky bat, ein Ballett für seine »Ballets Russes« zu schreiben. »Der Feuervogel« hatte sofort Erfolg. Strawinsky komponierte danach weitere Ballette für Diaghilew, darunter »Petruschka« und »Le sacre du printemps«.

Die **ersten regelmäßigen Farbfernsehsendungen** strahlte CBS in New York ab dem 25. Juni 1951 mit den Folgen einer Varietéshow aus. Doch erst ab den Sechzigern wuchs das allgemeine Interesse am Farbfernsehen.

Ein Tag, den keiner vergisst

Unter dem Kommando von General George A. Custer starben am 25. Juni 1876 in der Schlacht am Little Bighorn 260 US-Soldaten einen sinnlosen Tod. Die Schlacht ist als »Custers letztes Gefecht« bekannt geworden. Custer und zwei andere Offiziere hatten von ihrem Kommandeur, General Alfred Terry, den Befehl erhalten, ihre Truppen aus drei verschiedenen Richtungen gegen die Sioux zu führen. Doch Custer wollte den Ruhm für sich allein und erschien zu früh.

25. Juni

In der zweiten Hälfte des 19. Jahrhunderts wurden die Indianer Nordamerikas brutal von den weißen Siedlern verdrängt. Man befahl ihnen schließlich, sich bis Anfang des Jahres 1876 in Reservaten einzufinden – oder sie würden von der US-Armee gejagt. Doch viele Indianer weigerten sich, ihre Jagdgründe einfach aufzugeben. Der Häuptling der Hunkpa-pa-Sioux, Tatanka Yotanka (Sitting Bull), vereinte die verschiedenen Stämme, um sich gemeinsam zur Wehr zu setzen. Im Mai 1876 wurden deshalb US-Truppen gegen die Indianer aufgeboten. Der 36-jährige Custer, von den Indianern »Langhaar« genannt, befehligte eine Abteilung der US-Kavallerie. Anstatt wie vereinbart am 26. Juni mit den anderen am Little Bighorn River zusammenzutreffen, rückte er einen Tag früher an. Custer wollte Ruhm und einen schnellen Sieg, doch sein Übereifer erwies sich als verhängnisvoll: Rund 3.500 Sioux und Cheyenne, von Sitting Bull und Crazy Horse angeführt, fielen aus dem Hinterhalt über die Soldaten her. Kein einziger der US-Soldaten kam mit dem Leben davon.

Jeden Monat – manchmal sogar jeden Tag – werden große und kleine Dinge erfunden, die unser tägliches Leben verändern. Auch der Monat Juni bildet da keine Ausnahme.

So erhielt am 23. Juni 1867 Christopher Latham Sholes das Patent für die erste funktionstüchtige **Schreibmaschine** der Welt. Nach insgesamt 52 Versuchen der verschiedensten Erfinder war ihm das Glück beschieden, dass sein Gerät auch wirklich funktionierte. Eine andere wichtige Erfindung ließ sich der Ungar Ladislaus Biro am 10. Juni des Jahres 1943 patentieren: Er hatte den **Kugelschreiber** entwickelt. Biro verkaufte dieses Patent bald an einen Geschäftsmann, im englischen Sprachraum steht sein Nachname aber noch heute für jenes einst revolutionäre Schreibgerät.

Der erste **Flug eines Warmluftballons** fand am 5. Juni des Jahres 1783 statt, als die Brüder Montgolfier ihren unbemannten »Feuerballon« vorführten. Drei Monate später, am 19. September, ließen die Brüder die ersten Ballonfahrer über dem königlichen Schloss in Versailles aufsteigen. In der Gondel unter dem riesigen himmelblauen und mit Lilien geschmückten Ballon aus Leinwand befanden sich eine Ente, ein Hahn und ein Schaf namens Montauciel (was wörtlich »der in den Himmel hinaufsteigt« bedeutet). Ungefähr 100.000 Menschen wurden Zeugen dieses geschichtsträchtigen Ereignisses.

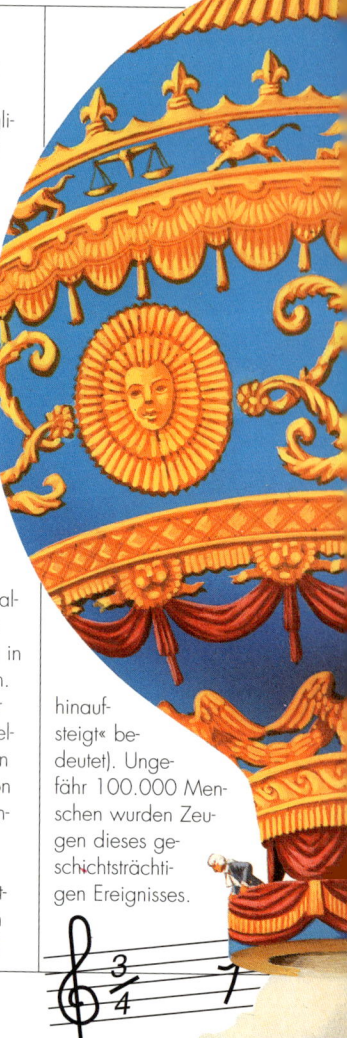

ENTDECKT & ERFUNDEN

bekannter, nachdem er am 11. Juni 1742 seine neueste Erfindung – den landesweit ersten wirklich tauglichen **Küchenherd** – vorgeführt hatte.

Am 27. Juni 1859 komponierte Mildred Hill, eine Lehrerin aus dem US-Bundesstaat Kentucky, die Melodie des Liedes **Happy Birthday to You**. Sie nannte ihr Lied zunächst »Good Morning to All«, doch ihre Schwester Patty schrieb einen neuen Text, der dieses Lied zum wohl berühmtesten Geburtstagslied der Welt machte.

Dieser Monat bietet noch weitere interessante Erfindungen: So wurde am 4. Juni 1789 in der Londoner Fleet Street die erste **Feuerwehrleiter** vorgeführt und am 1. Juni 1880 in New Haven im US-Bundesstaat Connecticut die erste **Telefonzelle** aufgestellt, nachdem dort

zwei Jahre zuvor George Coy die erste Fernsprechstelle eingerichtet hatte. Auch der **Stacheldraht** wurde in diesem Monat, am 25. Juni 1867, von B. Smith aus Ohio zum Patent angemeldet.

Der Name des großen amerikanischen Staatsmannes und Erfinders Benjamin Franklin wurde noch

23

Im Rhythmus der Natur

Im hohen Norden ist der Sommer nur kurz, aber oft sehr heiß, und es kann bis zu 24 Stunden lang hell bleiben. Jetzt kehrt wieder Leben in die Tundra ein: In kaum drei Monaten wachsen die Pflanzen dort, blühen und werden bestäubt. Viele Tiere erwachen aus dem Winterschlaf, wandernde Tiere und Zugvögel kehren zurück. Sie haben im Süden genügend Energie aufgetankt, um sich in der kurzen Sommerzeit zu paaren und die Jungen aufziehen zu können.

Manche der dort lebenden Tiere legen während dieser Jahreszeit ihr »Winterkleid« ab und ziehen stattdessen ein »Sommerkleid« an. Wenn der Schnee geschmolzen ist, wird der dicke, weiße Pelz, der Tiere wie den Polarfuchs und

SOMMER

den so genannten Veränderlichen Hasen den Winter über nicht nur vor Kälte schützt, sondern ihnen auch zur Tarnung dient, durch ein dünneres und dunkleres Fell ersetzt, das für den Sommer besser geeignet ist. Aus demselben Grund verändert sich auch das Federkleid mancher Vögel während der Mauser.
Auch die Lemminge sind in Nordeuropa beheimatet. Gegen die drastische Vermehrung dieser Nagetiere, die alle drei bis vier Jahre stattfindet, gibt es ein natürliches Regulativ: Im Spätsommer wandern große Gruppen von Lemmingen zum Meer und stürzen sich ins Wasser.
Die Bauern in den Ländern auf der Nordhalbkugel machen im Sommer Heu und bringen ihre Ernte ein. Weizen, Roggen und Gerste sowie Raps und Sonnenblumen bedecken dann das Land mit einem dichten Teppich leuchtender Gelbtöne. Aus den ersten drei dieser Pflanzen wird Mehl gewonnen, aus den beiden anderen Öl. Der Mais, der etwas später reif wird, dient während der Wintermonate als Tierfutter und wird außerdem zu Speiseöl und Frühstücksflocken verarbeitet.

In vielen Ländern der Welt werden die letzten Ähren des eingebrachten Getreides zu Kornpuppen oder anderen Glücksbringern gebunden.

So feiert die Welt

Die Sonnwendfeier ist ein traditionelles Fest, das heute anlässlich der Mitte des christlichen Kalenders und der Geburt Johannes des Täufers in vielen westlichen Ländern in der Nacht auf den 24. Juni begangen wird. Dabei spielen Feuer, die so genannten Johannisfeuer, die vor allem im Südosten Deutschlands, in Österreich und in Skandinavien entzündet werden, eine wichtige Rolle. In Form von Freudenfeuern, über die die Menschen hinüberspringen, oder Fackelumzügen sowie Feuerreifen, die Berghänge hinabrollen, wird vielerorts dieses Mittsommerfest begangen (Abb. li. o. und u.). Die nordamerikanischen Hopi-Indianer basteln am 21. Juni kleine Puppen, so genannte Kachinas (Abb. o.), die die Geister repräsentieren. Diese werden vergraben und sechs Monate später, am 21. Dezember, wieder ausgegraben.

Am 14. Juni wird, wiederum in den Vereinigten Staaten, der »Flag Day« (Flaggentag) begangen. Die Häuser und Straßen werden dabei unter anderem mit Figuren von Uncle Sam (Abb. re.) geschmückt, um der allerersten amerikanischen Flagge zu gedenken, die 1777, ebenfalls am 14. Juni, angefertigt wurde.

Das Pfingstfest, das am 50. Tag nach Ostern, also in der Zeit zwischen dem 9. Mai und Mitte Juni gefeiert wird, hat seine Wurzeln im Christentum. Es soll an den Tag erinnern, an dem der Heilige Geist über die in Jerusalem versammelten Apostel kam. Für die Juden ist dieser Tag ein Erntefest, das 50 Tage nach ihrem Passahfest stattfindet. Am zweiten Donnerstag nach Pfingsten folgt das katholische Fronleichnamsfest, mit dem die eucharistische Verwandlung des Leibes Christi gefeiert wird. Das »Hochfest des Leibes und Blutes Christi« ist meist mit einer Prozession verbunden. In Mexiko finden dann Umzüge statt, die von Musikkapellen begleitet werden. In Südkorea werden in diesem Monat beim Tano-

… FESTE IM JUNI

Fest Wettkämpfe für die Mädchen abgehalten: Sie müssen eine Glocke anschlagen, die hoch über dem Boden hängt. Diejenigen, denen dies gelingt, erhalten als Preis etwas für ihre »Mitgift«. In Indien wollen beim Ganga-Dussehra-Fest möglichst alle Hindus ein Bad im heiligen Fluss Ganges nehmen. Der Legende nach kam zu dieser Zeit einmal die Göttin Ganga in Gestalt eines Flusses auf die Erde, um die Seelen von 60.000 Königssöhnen zu retten.

Die Idee für den Tag

Material:

Quadratische Papier- oder Stoffserviette, Wasserglas

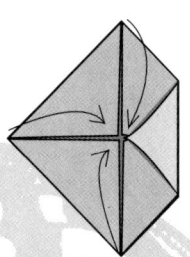

❶ Serviette falten

1. Serviette falten
Die quadratische Serviette flach hinlegen. Die vier Ecken der Serviette eine nach der anderen zum Mittelpunkt legen. Die Ränder vorsichtig glattstreichen. Den Faltvorgang mit den neu gebildeten Ecken wiederholen.

❷ Rückseite falten

2. Rückseite falten
Die gefaltete Serviette umdrehen. Die vier Ecken erneut zur Mitte legen und die Ränder glattstreichen.

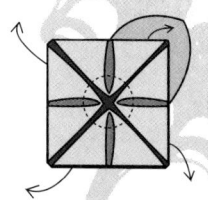

❸ Spitzen herausziehen

3. Spitzen herausziehen
Das Wasserglas zur Fixierung auf den Mittelpunkt der Serviette stellen. Unter die Ecken fassen und die untenliegenden vier Spitzen vom Mittelpunkt heraus leicht nach oben ziehen. Danach unter die Seitenkanten der Serviette fassen und die übrigen vier Serviettenspitzen vom Mittelpunkt heraus nach oben ziehen. Zum Schluss das Glas wegnehmen.

SERVIETTE

Im Juni

Es ist Juni und ist gut.
Mütter singen Kinderreime,
Und der Sommer singt im Blut.

Kinder knicksen tief und froh,
Rutschen in der goldnen Kutschen
Eins, zwei, drei nach Nirgendwo.

Drüben an dem runden Saum
Blüht ein kleiner Apfelbaum.

Albrecht Goes